LETTRE

AUX ÉLECTEURS,

Par l'Auteur

DE LA LETTRE AUX GARDES NATIONAUX,

Sur la Réforme électorale.

> . . . . rudis indigestaque moles,
> Non benè junctarum discordia semina rerum.
>
> Ov.

PARIS,

IMPRIMERIE ET FONDERIE DE FAIN,

Rue Racine, n. 4, Place de l'Odéon.

—

1839.

LETTRE

AUX ÉLECTEURS.

Ce grand procès qui s'agitait dans la Chambre élective est porté devant vous.

Ceux qui se sont coalisés contre le Ministère, et ceux qui l'ont soutenu, sont également renvoyés devant votre tribunal.

Pour les uns et pour les autres, le moment des explications est venu.

Il fallait terminer les déplorables débats qui affligeaient la France. La question, bien que jugée, ne l'était pas cependant d'une manière assez décisive pour que les vainqueurs fussent assurés de leur triomphe, et les vaincus de leur défaite. Placée entre une majorité qui, pour être unie et compacte, ne paraissait pas assez imposante, et une minorité qui, puissante pour entraver la marche du Gouvernement, était elle-même incapable de gouverner, la prérogative royale en appelle au pays. Elle a usé d'un droit et rempli un devoir. Cette majorité indispensable, qu'une Chambre ainsi divisée ne pouvait lui offrir, elle la demande aux électeurs.

La position des 221 et des 213, vis-à-vis de leurs commettants, est loin d'être la même. Les premiers pourront se présenter avec confiance, et leur candidature n'aura besoin d'être appuyée par aucun *compte-rendu*. Les faits parleront.

Quant aux autres.....

Électeurs! ils vont invoquer votre sympathie qui leur fut acquise, et les liens qui les unissaient à vous.

Mais ce ne sont plus là les mêmes hommes que vous aviez honorés de votre mandat. Le nom seul ne suffit pas pour marquer l'identité d'un personnage politique, s'appelât-il *Thiers* ou *Guizot*.

Du moment qu'il renie son passé; que, dans ses actes et ses discours, il est en contradiction avec lui-même, il perd son identité, et son nom ne réveille plus que des souvenirs que le présent semble accuser d'imposture.

Qui reconnaîtra M. *Guizot* dans l'ami de M. *Garnier-Pagès?* — M. *Thiers*, uni par un pacte avec M. *Michel de Bourges*, est-il M. *Thiers* que nous avons vu ministre? — M. *Odilon Barrot* tendant la main à M. *Berryer*, est-il toujours le chef de la gauche?..... non, certes. La coalition leur a enlevé leur cachet individuel. Elle les a rendus méconnaissables pour leurs amis et pour leurs ennemis.

Considérez, Électeurs, le point d'où chacun d'eux est parti, et celui où il est arrivé. Mesurez le trajet qu'il a parcouru; et vous verrez qu'il a fait moins de chemin pour se séparer des Ministres que pour se réunir à ses anciens adversaires.

Pour expliquer ce changement, on vous dit qu'entre les députés de la coalition il ne s'agit que d'une alliance de votes, et non pas d'une alliance d'opinions.

Il ne peut pas en être ainsi. En se coalisant, ils ont donné et reçu. Ils ont mis en commun tous leurs moyens de succès. Ils ont travaillé également pour eux et pour les autres. Ils ont donc accepté d'avance les conséquences éventuelles de la coalition. Ils ont allié, non-seulement leurs votes, mais encore leurs intentions et leurs espérances.

Maintenant, dira-t-on que ces espérances étaient les mêmes? pour les uns, la chute du Ministère était l'objet et le terme de la coalition; pour les autres, ce n'était qu'un point de départ. Ils savaient tous à quels vœux ils prêtaient leur concours, à quels projets ils venaient s'associer; mais ce qu'ils ne savaient pas, ce qu'ils ne pouvaient savoir, et ce qui aurait dû les retenir, c'était comment, le Ministère tombé, chaque parti retirerait aux partis opposés l'appui qu'il leur avait prêté, la consistance et la force qu'il leur avait données, les concessions qu'il leur avait faites; comment enfin ils détruiraient leur propre ouvrage.

Demandez-vous donc, Électeurs, s'il n'y a pas là duplicité et imprudence, et si ces députés, engagés par des alliances et des promesses contraires aux promesses qu'ils vous avaient faites, et à l'alliance qu'ils avaient contractée avec vous, sont bien les mêmes hommes que vous aviez chargés de vous représenter.

Et ne croyez pas qu'ils viennent devant vous, comme autrefois, avec leurs titres et leurs antécédents personnels. Ils ne s'appartiennent plus; chacun d'eux traîne à sa suite les 213 de la coalition; quoique divisés d'opinions et d'intérêts, ils se sont juré amitié et appui. Ils se sont faits solidaires les uns pour les autres. Ainsi vous ne sauriez en élire un seul sans participer, en quelque chose, à l'élection de l'homme le plus hostile à vos convictions. Partisans de M. *Guizot*, en le nommant vous soutenez M. *Bizoin*. Partisans de M. *Thiers*, c'est M. *Berryer*, c'est M. *Garnier-Pagès* que vous poussez à la Chambre. Légitimistes, votre candidat vous recommande un homme de l'extrême gauche. Constitutionnels, c'est un légitimiste que vous allez nommer. Électeurs, de quelqu'opinion que vous puissiez être, songez qu'en accordant vos suffrages à un homme de votre couleur, s'il appartient à la coalition, vous travaillez, non pas à la chute du Ministère, mais au triomphe des opinions les plus opposées à la vôtre. Songez que le Ministère peut tomber; mais que les concessions faites à vos adversaires subsisteront et témoigneront de votre imprudence. Songez enfin que vous vous rendez complices de ce pacte sans exemple, et que vous entrez, vous aussi, dans la coalition.

La coalition ! savez-vous ce que c'est?........ Se compter, reconnaître que chaque fraction de l'opposition est impuissante contre le Ministère ; réunir ces éléments contraires, éviter de s'expliquer, parce qu'on sait d'avance qu'on ne s'entendrait pas; des alliances monstrueuses, des noms qui jurent ensemble, une tactique déloyale... voilà ce que c'est que la coalition.

Tout homme de cœur s'afflige et s'indigne du semblant de cette union qui couvre la guerre, et de l'accord de ces alliés qui vont tout à l'heure se disputer les fruits de la victoire. Tant que le Ministère sera debout, ils resteront unis ; une fois l'ennemi commun renversé, on les verra se ruer les uns sur les autres, et engager une lutte qui finira par l'extermination d'un parti, et peut-être de tous ; et alors, que Dieu protége la France !

— Quelle qu'ait été la conduite du Ministère, il ne peut pas être coupable des mêmes torts aux yeux de tant de partis différents. Ce qui l'accuse auprès des uns devrait l'absoudre auprès des autres.

Son tort unique ne serait-il pas d'occuper un pouvoir qu'ils convoitent, et d'arrêter une ambition impatiente de tout obstacle ?

Écoutons-les cependant :

« Suivant eux, le Ministère ne saurait obtenir la majorité. »

Mais, sans parler de la Chambre des pairs, il avait, dans la Chambre élective, une majorité que rien n'a pu détacher de lui, qui lui est restée, et lui restera fidèle. — Ceux qui aspirent à le remplacer pourraient-ils en avoir une ? Quoi ! en cherchant des auxiliaires parmi tous ceux qui étaient, non pas leurs adhérents, mais les ennemis, n'importe à quel titre, du Gouvernement, ils n'ont pu faire qu'une minorité ; et ils parlent de gouverner la chambre ! Que feraient-ils séparés et réduits à leurs propres forces ? Or la victoire les eût séparés à l'instant : ils se seraient trouvés, tels que nous les voyons, cinquante d'un parti, soixante d'un autre : misérables débris d'un assemblage monstrueux qui portait en lui les germes de sa destruction prochaine, et qui devait se dissoudre et se fondre par le succès plus encore que par la défaite.

Que l'on s'épuise donc en combinaisons ! que l'on s'efforce d'accorder ensemble des hommes qui ont chacun leur drapeau et leur devise ! il n'est aucune combinaison où l'on puisse se passer des partisans du Ministère actuel. Sans leur concours, il n'y a pas de majorité possible. On se flatte que les centres se rallieront à M. Thiers. On oublie que c'est M. Thiers qui s'est autrefois rallié aux centres, et qui a mis son ministère sous leur patronage.

Mais, parce qu'au 11 octobre ils ont accepté M. Thiers, soutien qu'il était de leur politique, on espère qu'ils le suivront dans la voie nouvelle où il s'engage, qu'ils changeront comme lui, et, comme lui, feront la guerre aux institutions qu'ils ont fondées. M. Thiers a mis, entre eux et lui, un abîme. Tribun de la coalition, qu'il cherche ailleurs des fauteurs et des adhérents! Sa voix a perdu pour les centres son prestige et sa puissance.

Qu'il en juge lui-même. A force de menaces et de promesses, a-t-il pu détacher un seul homme de la majorité? Loin de là, elle a grandi dans la lutte; et, si le débat eût continué, nul doute que quelques-uns des coalisés, honteux de leur rôle, et alarmés des conséquences de leur conduite parlementaire, ne se fussent rangés du côté du parti conservateur.

« Le Ministère, dit-on encore, n'est pas assez fort et ne suffit pas à couvrir la prérogative royale. »

Ils pensaient autrement ceux qui, pour lui résister, ont cru nécessaire de se joindre à leurs ennemis, et qui, pour acheter cette alliance dangereuse, n'ont pas reculé devant des concessions inouïes et des tolérances inimaginables. Mais, au moins, tant de sacrifices leur ont-ils profité? Sont-ils parvenus à renverser le Ministère? non, ils ont été vaincus. Cette adresse injurieuse qu'ils avaient préparée, ils n'ont pu la défendre ; ils l'ont vue s'en aller pièce à pièce. La Couronne a entendu un langage digne d'elle et du pays. D'accusateurs, les voilà devenus accusés. — De juges, les voilà réduits à se justifier.

Aux premiers bruits de dissolution, ils s'étaient dit : « On n'osera pas. » — Non, comme on n'a pas osé dissoudre l'ancienne Chambre, devant laquelle tremblaient les chefs actuels de la coalition. — Non, comme on n'a pas osé proclamer l'amnistie qu'ils avaient tant de fois annoncée sans avoir le courage de la donner. — Non, comme on n'a pas osé conquérir *Constantine*, rendre aux légions assemblées de la garde nationale la présence si impatiemment attendue du souverain, et planter le glorieux drapeau de la France sur la terre du Mexique !

On n'osera pas. — Mais l'audace n'a pas manqué au Ministère. Partout où l'intérêt de la France l'a voulu, le courage ne lui a pas fait faute ; le courage de la paix et de la guerre, le courage d'assurer l'exécution des traités, et celui, plus difficile, d'obéir aux traités existants.

— Le Ministère est faible. — Qu'aurait fait de plus un Ministère fort ? Vous hésitiez : il s'est décidé. Vous parliez : il a agi. Vous avez voulu l'arrêter dans sa marche, et, par-dessus sa tête, frapper la prérogative royale ; mais il s'est trouvé plus grand que vous. Il l'a mise hors de vos atteintes, et il vous a frappés vous-mêmes. Cette dissolution de la Chambre, cette mesure énergique, qui vous a surpris au milieu de vos intrigues, il en assume sur lui toute la responsabilité; et vous venez dire qu'il est faible, et qu'il ne couvre pas la prérogative royale !......

Oui, certes, il eût été faible, si, désespérant de lui-même et de ses partisans, il eût laché pied devant la coalition. C'est alors qu'il eût donné à l'Europe attentive une triste idée de la Monarchie de juillet. Tout ce qu'il était possible de faire pour la déconsidérer, hommes de la coalition, vous l'avez fait. Il n'a pas tenu à vous que le principe de son existence ne fût mis en question, et qu'elle ne parût aux étrangers faible et chancelante, menacée de toutes parts, sans alliés au dehors, et sans amis au dedans.

Que voulez-vous qu'on pense de notre pays, en voyant les partis les plus profondément divisés entre eux se réunir contre le Gouvernement; et des hommes considérables, honorés naguère de la confiance du souverain, seconder le mouvement, donner l'exemple, se mettre avec l'étranger contre la France, avec les ennemis de notre dynastie contre les ministres et le Roi, et étonner leurs nouveaux amis eux-mêmes par le scandale de leur défection !

« Le Ministère, dit-on enfin, est transparent. Il s'efface devant la prérogative royale. Il la laisse sortir de ses limites et s'attribuer une action que la constitution lui refuse. »

Pour apprécier la sincérité de cette accusation remarquez, Électeurs, qu'elle est soutenue à la fois par les partisans du droit divin et par ceux de la souveraineté du peuple. Évidemment un de ces deux partis est en contradiction avec son principe.

Mais voici, en d'autres termes, ce que signifie cette accusation : « Nous avons un Roi qui s'intéresse trop à la prospérité de la chose publique ; qui y consacre tout son temps et tous ses soins ; qui, au lieu de dissiper follement sa vie dans de vains plaisirs, travaille avec ses ministres, les surveille, et les dirige quand ils pourraient s'égarer. L'Europe, qui lui doit le bienfait de la paix, a foi dans sa sagesse et son expérience. Placés en face d'un tel monarque, les hommes médiocres sont bientôt convaincus de leur nullité, les mal-intentionnés, de leur impuissance. Il fait ombre aux uns, obstacle aux autres. Sans doute ils croiraient plus digne de leur haute capacité de conduire sans contrôle les affaires de l'État, d'intervenir en Espagne, en Pologne, en Belgique, et de prodiguer partout l'or et le sang de la France. »

Depuis quelque temps on violente le sens des mots, et l'on veut que le Roi *règne* et ne *gouverne* pas. Et qu'entend-on par ce mot *gouverner?* — Agir, exercer une influence.

Ainsi le Roi trônerait. Il recevrait l'hommage des peuples, et ne pourrait rien pour eux. Guidé par le vœu de la Chambre, il aurait tout juste assez d'autorité et d'intelligence pour choisir, dans la majorité, des ministres auxquels il abandonnerait aveuglément le salut de l'État et celui de sa propre dynastie. Il serait comme ces rois fainéants, connus seulement par leurs maires du palais, et que l'inaction où ils étaient plongés ne sauvait pas toujours de l'assassinat.

Ne serait-ce pas là un beau rôle pour un Roi des Français ! Mais la loi ne l'a pas voulu ainsi. Régner et gouverner n'ont pas la signification qu'on leur attribue. Le Roi ne gouverne pas, en ce sens qu'il ne peut agir directement et par lui-même ; mais il gouverne par ses ministres. Après les avoir choisis selon le vœu de la majorité, il exerce sur eux son influence. Ils sont ses agents visibles. C'est par eux qu'il se manifeste, par eux qu'il consulte la nation, entend sa voix et communique avec ses représentants.

C'est en ce sens que le Roi ne peut faillir.— Fiction ingénieuse, qui nous fait profiter de l'habileté de nos rois, sans avoir rien à craindre de leur inexpérience !

Au surplus, il est temps d'en finir avec ces accusations. Le Roi est un des pouvoirs de l'Etat. Il peut, il doit influer sur ses ministres ; mais ceux-ci restent libres de donner, ou de refuser, leur signature aux actes du Gouvernement.

Maintenant, hommes de la coalition, voici un moyen prompt et assuré de renverser le Ministère. — S'il a, en effet, laissé la prérogative royale sortir de ses limites ; si, par une complaisance coupable, il a couvert de sa responsabilité des actes contraires à l'honneur et à l'intérêt de la France, traduisez-le au tribunal de la Chambre ; citez, précisez les faits, et qu'il succombe sous une loyale accusation.

Mais, direz-vous, nous avons cité la *Suisse*, la *Belgique*, *Ancône*, l'alliance anglaise et l'*Espagne*.

La *Suisse*. — On vous a répondu que, par l'affaire *Conseil*, vous aviez vous-mêmes essemé les préventions et les haines dont vos successeurs ont recueilli la funeste moisson.

La *Belgique*. — *Anvers* a prouvé que la France n'avait point abandonné son alliée ; mais, parce qu'elle l'a soutenue dans ce qui était juste, doit-elle s'opposer à l'exécution des traités que la Belgique elle-même a signés de concert avec la France et les autres puissances ? Et maintenant, si elle se précipite dans une lutte inégale ; si elle allume en Europe un vaste embrasement, à qui la faute, sinon à vous ?

Ancóne. — On vous a prouvé, par des documents positifs, que l'abandon de ce point de l'Italie était la suite d'un traité conclu entre la France, le Pape et l'Autriche. A quel titre conserverions-nous *Ancóne*, lorsque les raisons qui nous l'ont fait occuper n'existent plus ? Les Etats n'ont-ils pas leurs engagements et leur parole aussi bien que les particuliers ?

L'alliance anglaise. — Elle nous reste acquise. Mais ne sait-on pas que, dans l'union de deux grandes nations, il est toujours certains intérêts qui sont en rivalité ?

L'Espagne. — Avez-vous démontré que l'intervention fût une chose opportune ? Qui ne connaît ce pays hostile aux étrangers, et cette nation qui ne veut pas être secourue ; et qui, en cas d'intervention, armerait contre nous ses carlistes, ses christinos, ses guérillas, ses moines et ses bandits de tout nom et de toutes couleurs ? Demandez à l'Angleterre ce qu'est devenue la légion du colonel

Evans. Rendez-vous compte de la manière dont a été traitée notre *légion étrangère*, et vous saurez ce que ces deux exemples promettent à une intervention.

Tous ces points ont été jugés, et jugés contre la coalition. S'il est vrai que le gouvernement constitutionnel soit celui des majorités, hommes de la minorité, sachez vous taire, et soumettez-vous au jugement que les représentants du pays ont rendu contre vous.

Il s'en faut bien que la prérogative royale soit placée dans les mêmes conditions en France qu'en Angleterre, et qu'elle y jouisse des mêmes priviléges et de la même sécurité.

Il y a en Angleterre deux grands partis bien distincts, qui ont un but et un drapeau faciles à reconnaître ; deux partis également puissants, qui se font une guerre de principes, et non pas une chicane de personnes. Les chefs Whigs et Tories ne sont pas des hommes isolés. Chacun d'eux a, derrière lui, des millions d'hommes qui répondent de ses actes et qui l'appuient de leur crédit et de leurs richesses. C'est là que la responsabilité ministérielle répond de quelque chose; c'est là que la royauté n'est pas exposée toute seule sur la brèche, mais que, placée dans une région supérieure, elle voit éclater à ses pieds des orages qui ne sauraient l'atteindre. Elle a, devant elle, des partis plus attentifs à la défendre qu'ardents à s'attaquer ; et, ces partis fussent-ils tous conjurés contre la royauté, reste une puissante aristocratie qui la couvre comme d'un bouclier, et qu'il faudrait fouler aux pieds pour arriver jusqu'à elle.

L'Angleterre a des hommes d'État dans tous les partis ; mais ces prétendus hommes d'État qui, chez nous, veulent restreindre, à leur profit, la prérogative royale, quels sont-ils ?...

N'en avons-nous pas vu qui ont obéi aux susceptibilités les plus étroites, aux plus mesquines rivalités ; qui, pour satisfaire une vaine gloriole, sont venus à la tribune combattre ce qu'ils avaient autrefois soutenu, et soutenir ce qu'ils avaient combattu ? et voilà ceux qui ne veulent pas que le Roi *gouverne !*

Mais, hommes capables, si vous ôtez toute action au monarque, vous n'entendez pas sans doute lui ôter son habileté et son expérience. Si donc les Ministres du Roi s'engagent, malgré lui, dans une voie funeste, faut-il qu'il laisse faire, et qu'il assiste, impassible, aux actes d'une politique qui va perdre et la France et lui-même ? — Il a, dites-vous, le droit de les renvoyer ; mais si la Chambre les lui impose ? — Il peut, répondez-vous, dissoudre la

Chambre, et en appeler aux Électeurs. — Eh bien! c'est précisément ce qu'il fait. Une partie de la Chambre a voulu, en se coalisant, renverser un Ministère fidèle au système politique établi depuis huit ans; avant d'abandonner ce système adopté par la majorité, le Roi dissout la Chambre, et s'en remet noblement aux mains du pays.

Qui croirait qu'on pût voir un coup d'État dans cette mesure toute constitutionnelle ?.. Comment! demander aux Électeurs une majorité plus décisive, attendre que le pays se prononce, et, jusque là, maintenir ce que la majorité a consacré, ce serait un coup d'État!... et que serait-ce donc, si la dissolution eût été prononcée en vue d'échapper à la majorité, comme lorsque Charles X résista aux 221?

On rapproche les temps, les hommes, les choses les plus dissemblables. La coalition se compare modestement aux 221 de 1830. Elle ne veut pas voir qu'entre les 221 de 1830 et ceux de 1839, il y a identité de sentiments, de langage et d'intérêts. C'est toujours ce même parti conservateur qui soutenait la Charte et la Constitution; avec cette seule différence qu'alors il avait à combattre la cour et le roi, et qu'aujourd'hui il lutte contre les factions coalisées.

Mais ceux qui poussaient Charles X à la résistance se retrouvent dans la minorité des 213. C'est vous, légitimistes ; vous, doctrinaires ; vous tous, que la Charte importune, que la Constitution offusque, et qui prétendez nous imposer des théories dangereuses qui ne vont ni à notre époque, ni à nos mœurs.

Comparez, puisque vous avez ce courage, Louis-Philippe à Charles X ; c'est-à-dire, le roi qui respecte la majorité, qui la cherche et qui la consulte ; et le roi qui tomba du trône pour l'avoir bravée.

Comparez 1839 à 1830 ; c'est-à-dire, l'époque où règne, parmi les bons citoyens, un ensemble si imposant que les factions, réduites à se réunir, ne peuvent même obtenir le triste succès qu'elles ont cherché ; et l'époque où la masse de la nation se levait comme un seul homme pour repousser un ordre de choses anti-national.

Électeurs ! c'est à vous de faire justice de ces comparaisons insensées.

Quand la coalition vous parlera de l'insuffisance du Ministère et accusera son système politique, vous vous représenterez la France respectée et honorée pour sa fidélité aux conventions établies, et d'autant plus sûre de ses alliés qu'elle ne les craint, ni ne les provoque. Vous songerez qu'un gouvernement guerrier est toujours oppresseur, et que, donner à un peuple le bienfait de la paix, c'est lui donner le commerce, l'instruction et la liberté.

Que vos suffrages soient la récompense de ceux qui ont maintenu cette politique de la paix, non moins glorieuse que celle de la guerre.

Quant aux hommes qui n'ont écouté que leur ambition; qui, par tous les moyens, ont entravé la marche du Gouvernement; qui ont rendu nécessaire la crise de la dissolution... qu'ont-ils à demander aux Électeurs ?

Comme ils n'ont songé qu'à eux-mêmes, le pays ne leur doit rien. Comme ils se sont fait d'autres alliés, d'autres amis politiques, leurs anciens amis ne sont pas tenus de les reconnaître.

C'est en vain qu'ils s'excusent sur leurs intentions. Les faits parlent; et ce témoignage les accable. Ils ont donné des gages, des espérances, des encouragements, un appui moral aux partis opposés. Ils ont affaibli d'autant leur propre parti. — Ils ont tous trahi leur mandat.

Électeurs! pesez mûrement les conséquences du vote que vous allez donner. Malgré les différences d'opinion qui vous divisent, vous vous ressemblez en ce point que vous êtes intéressés au bon ordre, et que vous ne voulez pas jouer de nouveau le jeu redoutable des révolutions.

Le présent et l'avenir de la France sont entre vos mains.

Votez pour le Gouvernement, et vous épargnez l'or et le sang de la France, qu'on ne doit exposer que pour la France; vous maintenez la paix, la prospérité du commerce, la tranquillité au dedans, la sécurité au dehors.

Votez pour la coalition, et vous remettez en question tout ce qui a été fait depuis huit ans. — Vous êtes inévitablement entraînés à la guerre. — Vous portez partout une intervention funeste, que la coalition a promise, qui est annoncée et attendue. — Vous vous aliénez l'Europe, qui ne voudra pas reconnaître un gouvernement conquis par les factions, ni se fier à des hommes qui n'ont pas craint d'afficher le mépris des traités. — Vous ne renversez pas seulement le Ministère actuel; vous sapez dans leur base tous les ministères à venir; vous ruinez le pouvoir, et vous le livrez, flétri et déconsidéré, aux mains des ambitieux.

Votez pour la coalition, et vous devenez complices de tous les malheurs qu'elle traîne à sa suite, et vous vous chargez de la plus terrible responsabilité qui fût jamais.

PAR L'AUTEUR

de la Lettre aux Gardes Nationaux, sur la Réforme électorale.